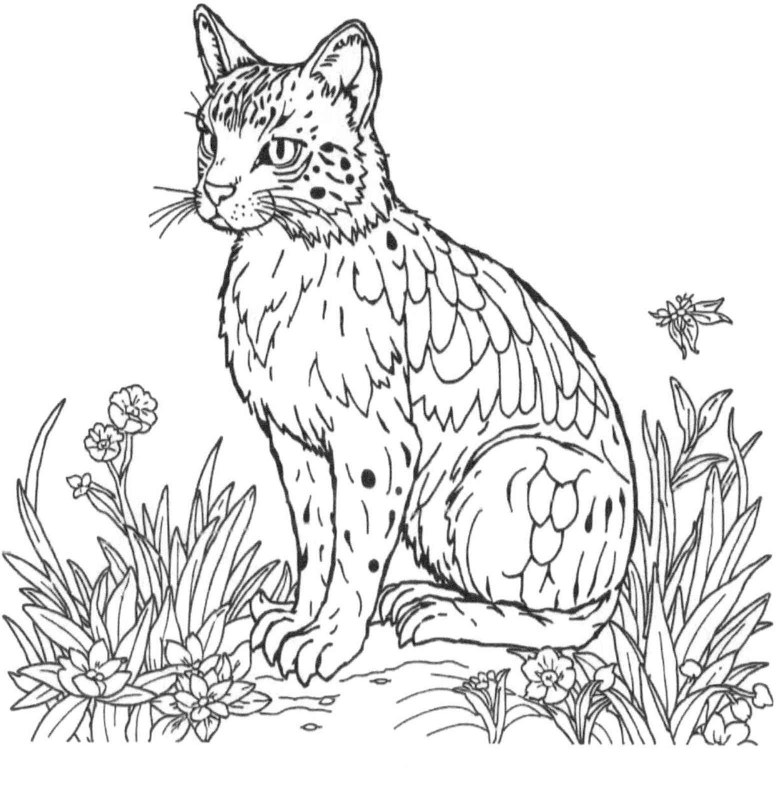

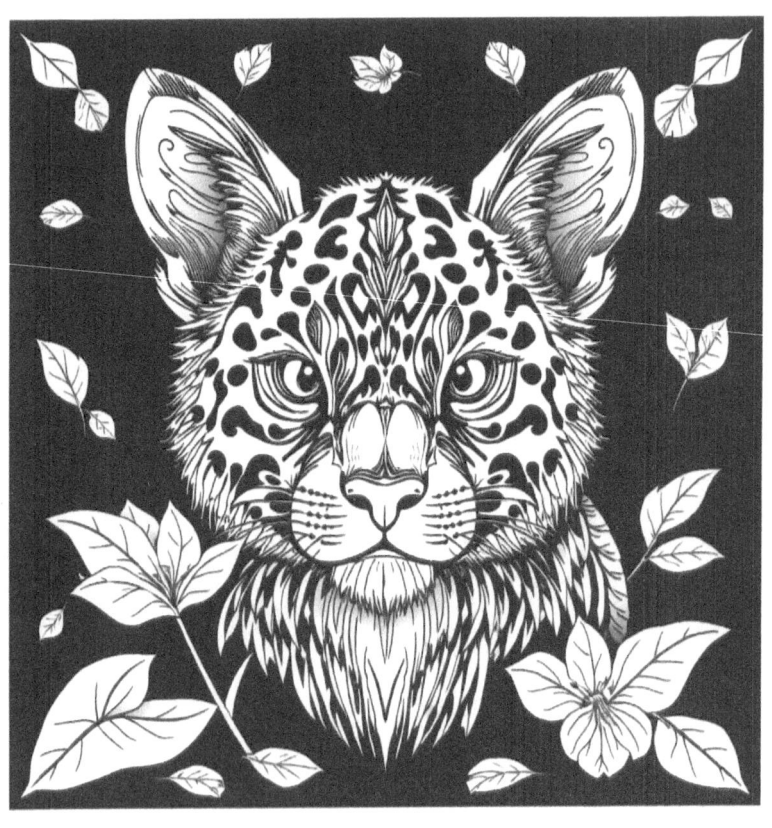

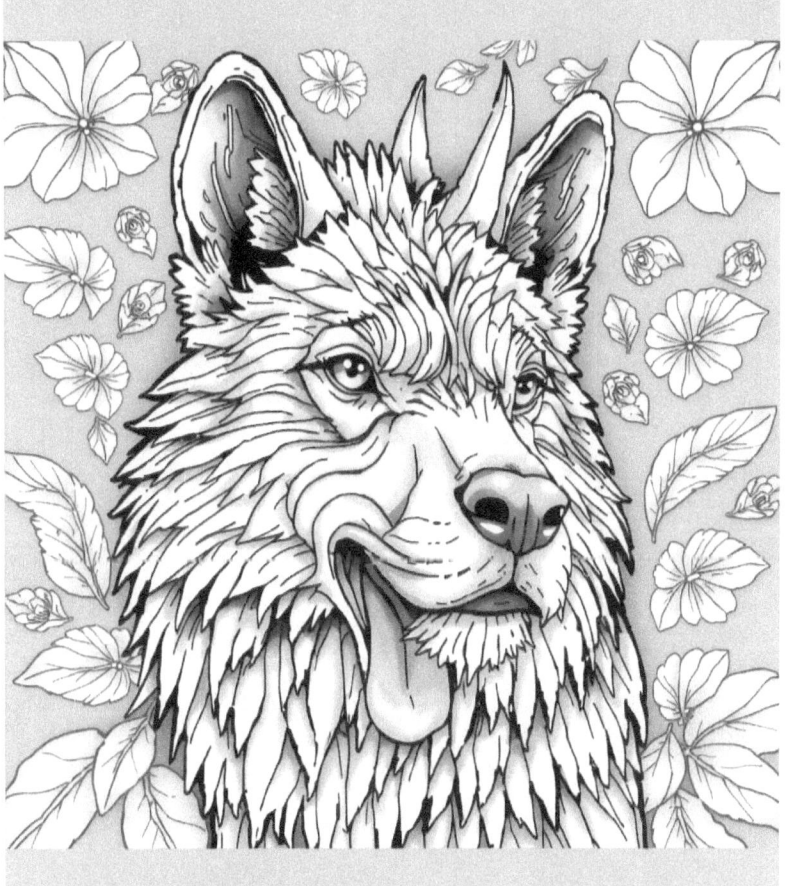

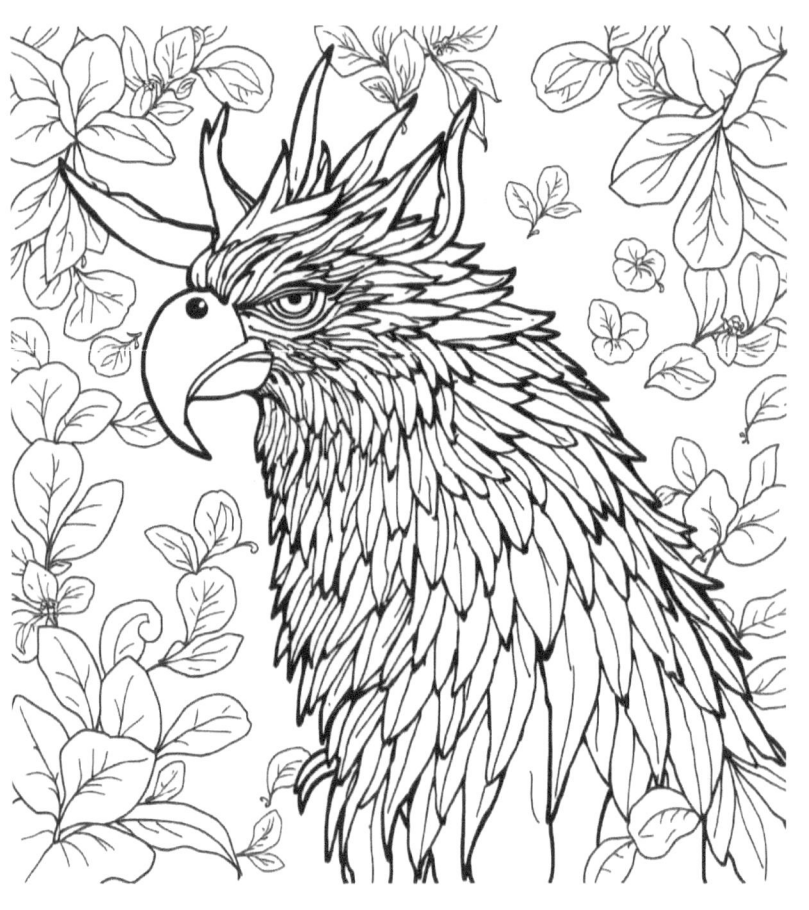

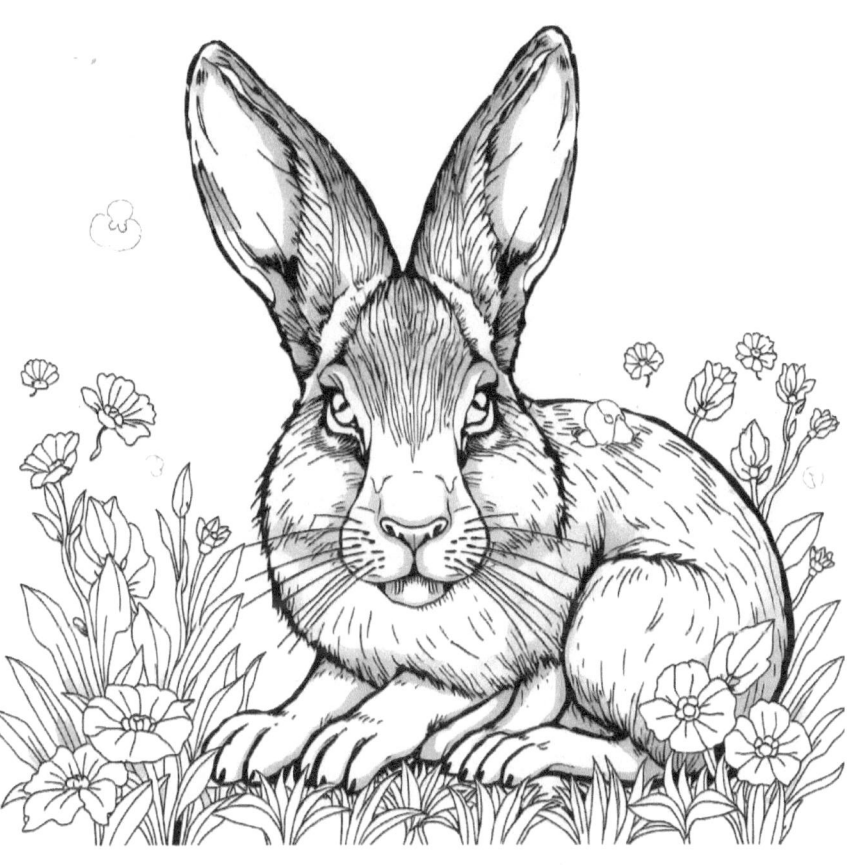

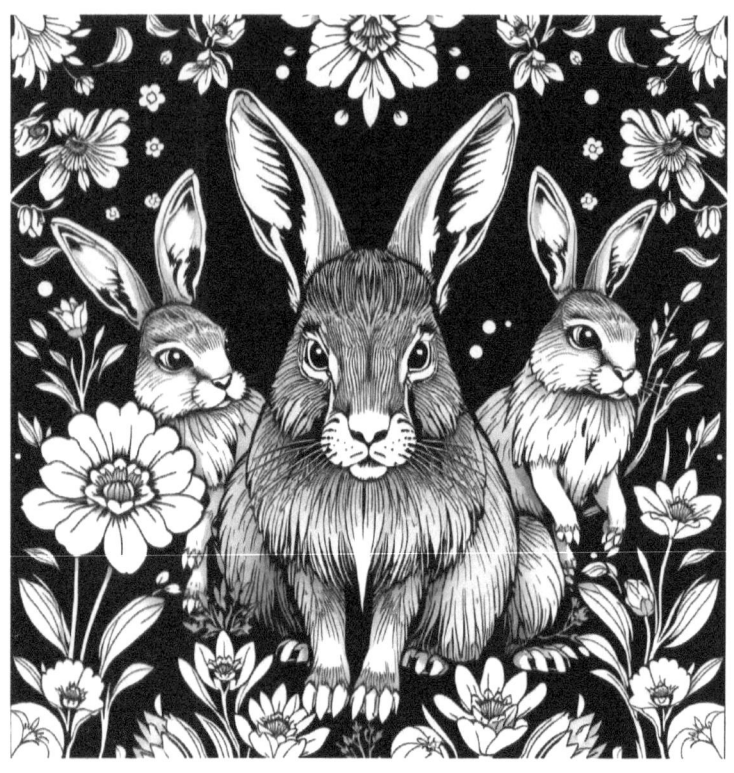

Había una vez dos conejos en el bosque, Tito y Nube. Tito siempre iba de prisa, saltando de un lugar a otro sin descansar. Nube, en cambio, prefería avanzar despacio, disfrutando de cada paso.

Un día, decidieron ver quién llegaba primero a la cima de la colina. Tito, confiado en su velocidad, se adelantó rápidamente, pero pronto se cansó y tuvo que detenerse a descansar. Nube, constante y tranquila, siguió avanzando sin detenerse.

Al final, Nube llegó primero a la cima, mientras Tito aún descansaba. Al verlo, Nube le sonrió y le dijo: "A veces, la paciencia y la perseverancia son más fuertes que la prisa."

Moraleja: La constancia y la calma pueden llevarnos más lejos que la prisa.

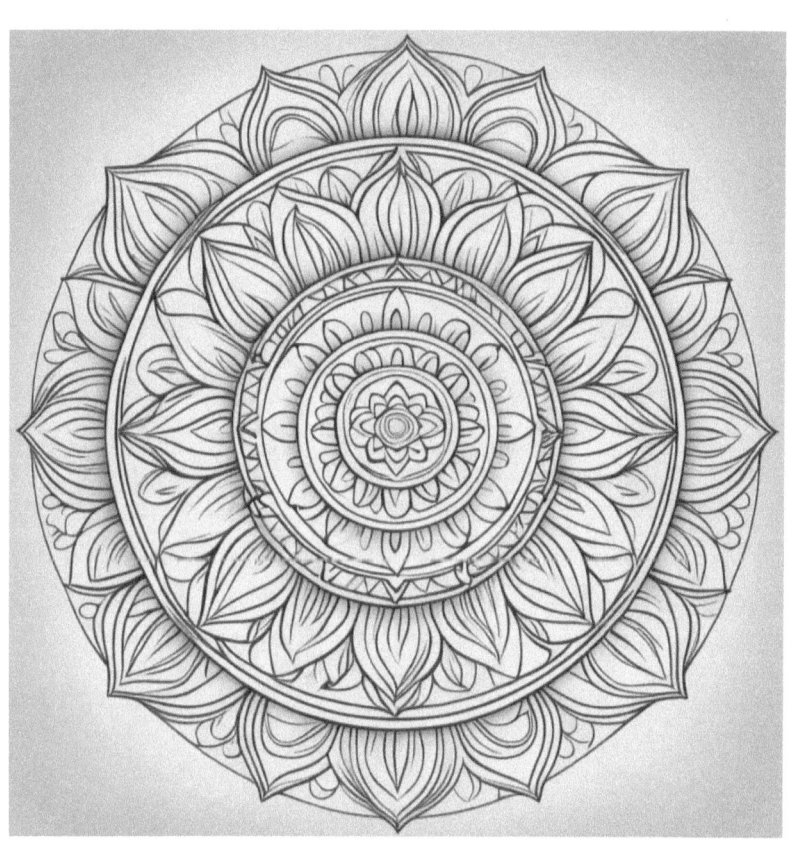

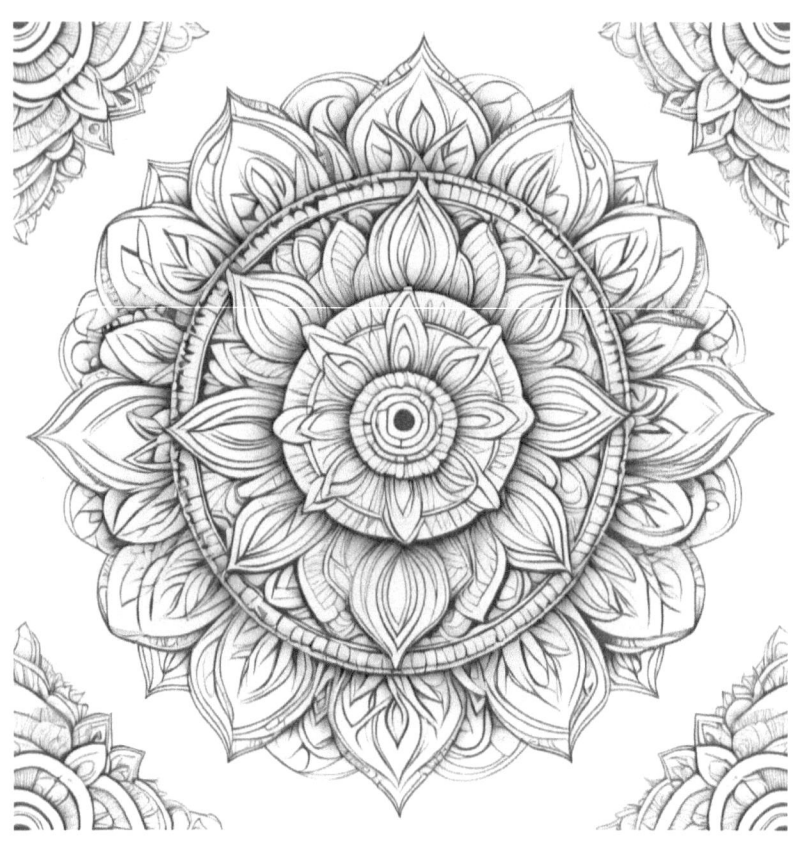

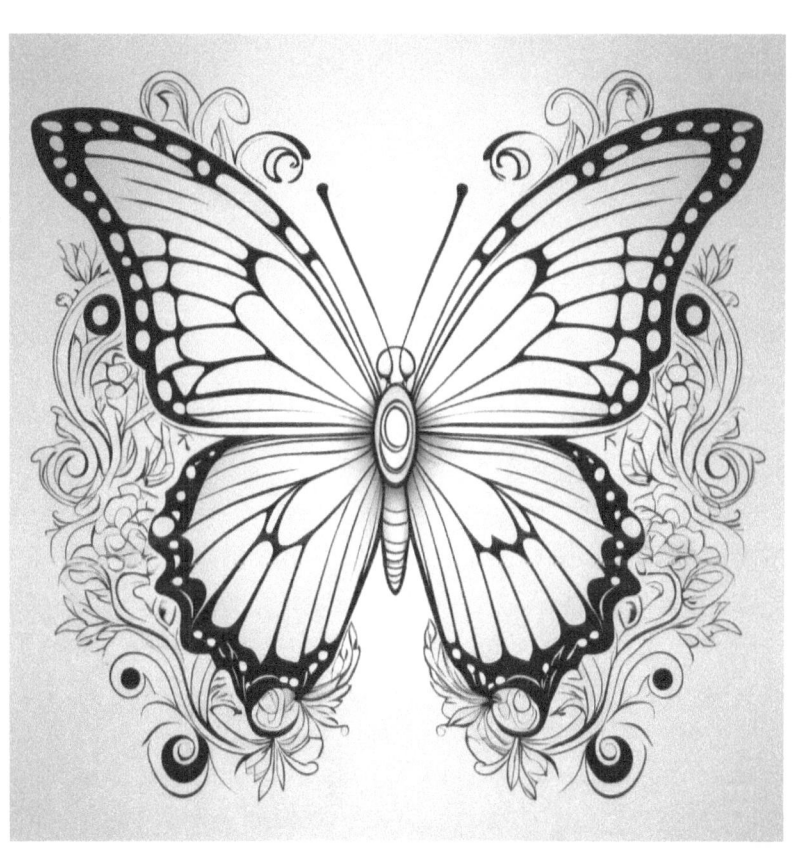

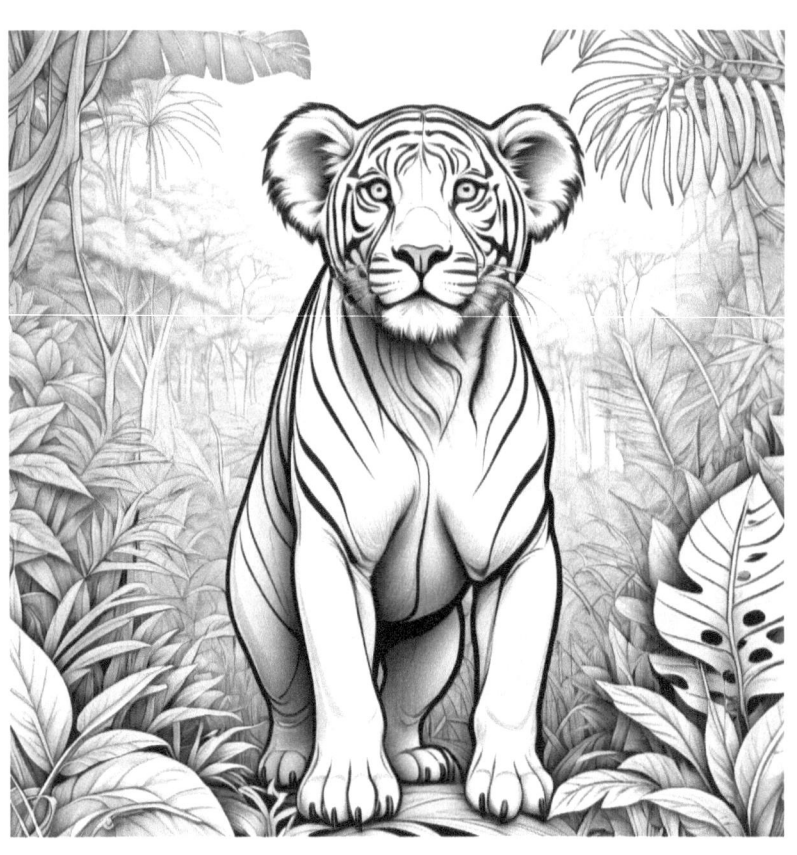

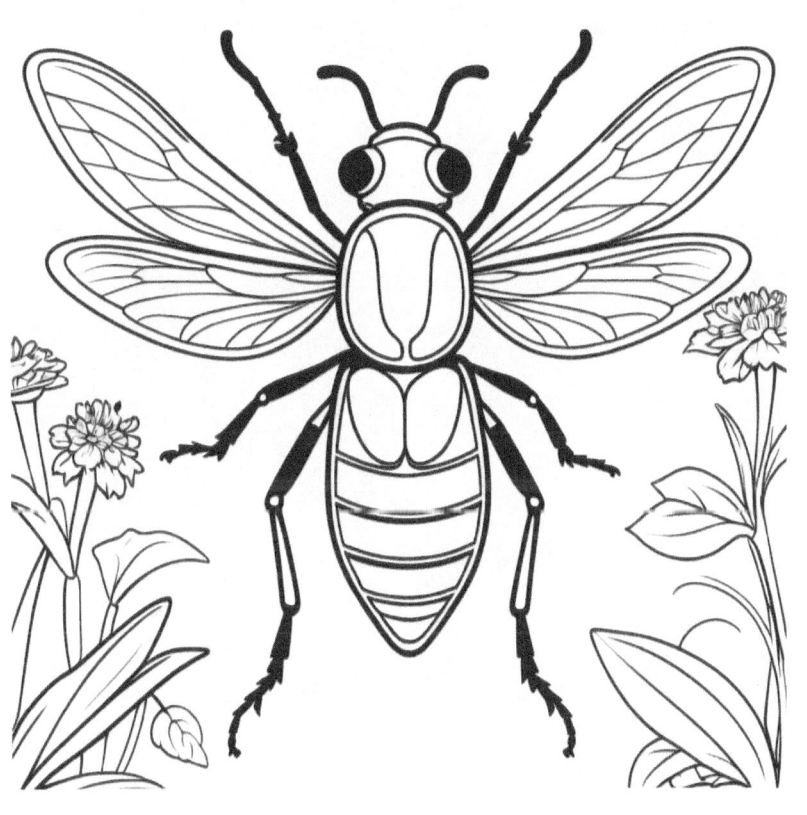

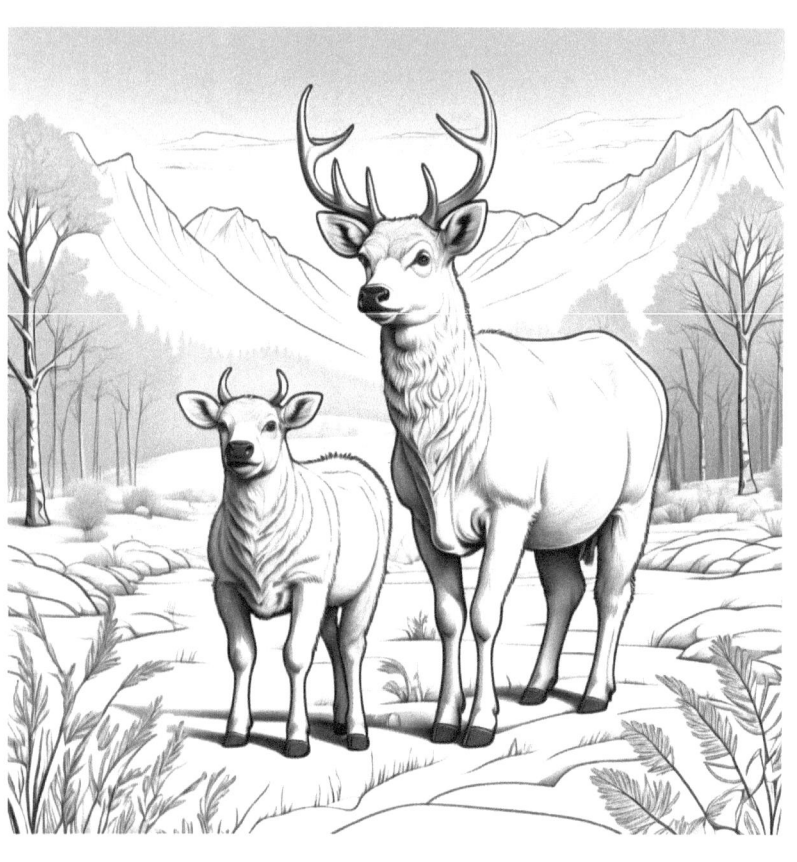

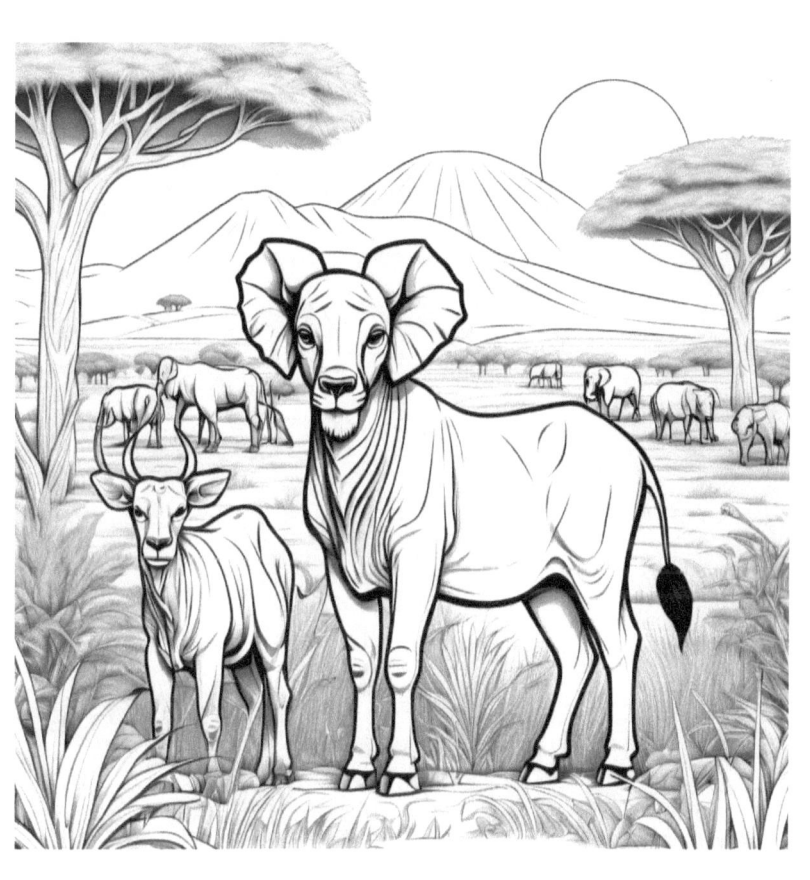

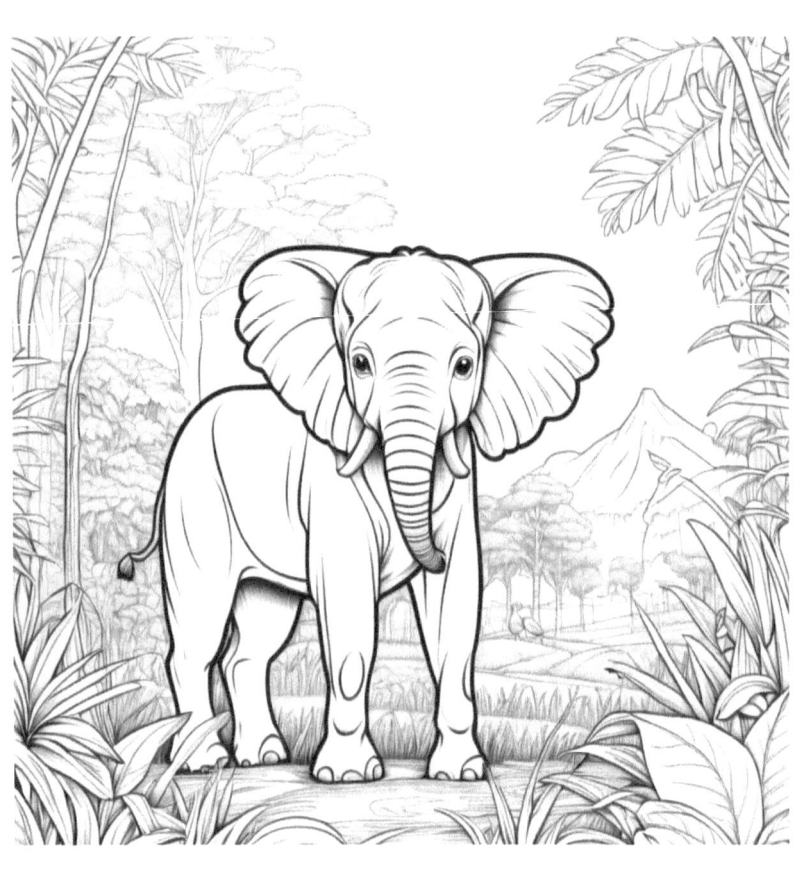

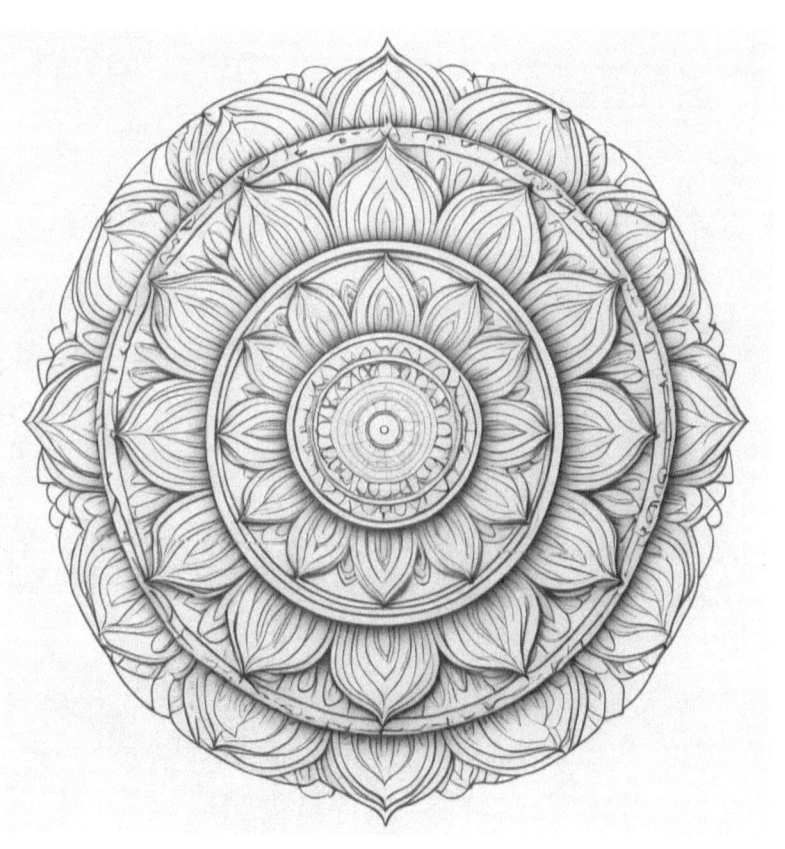

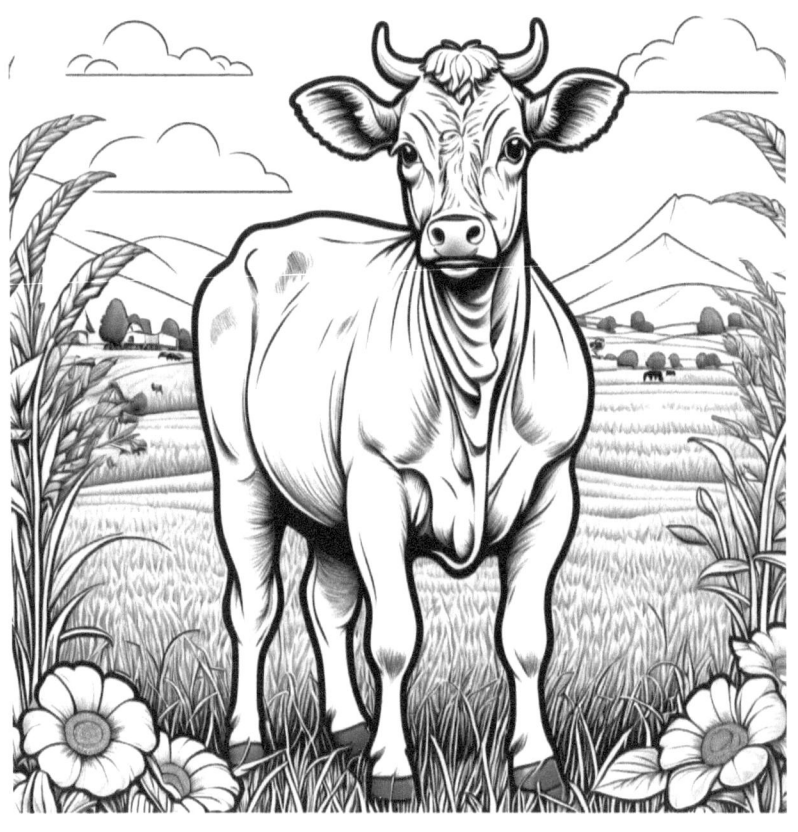

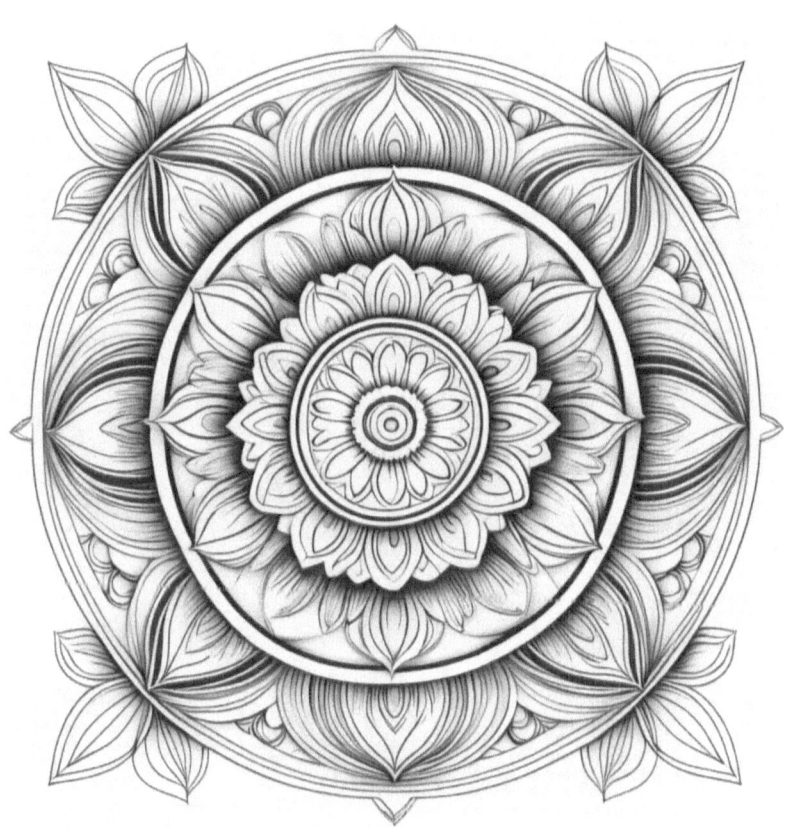

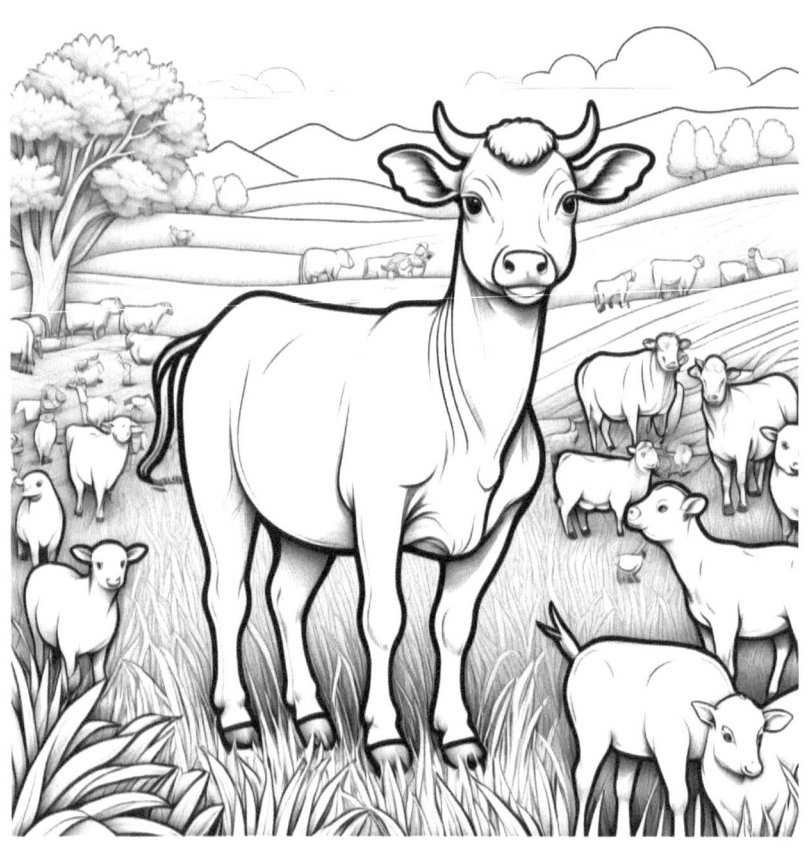

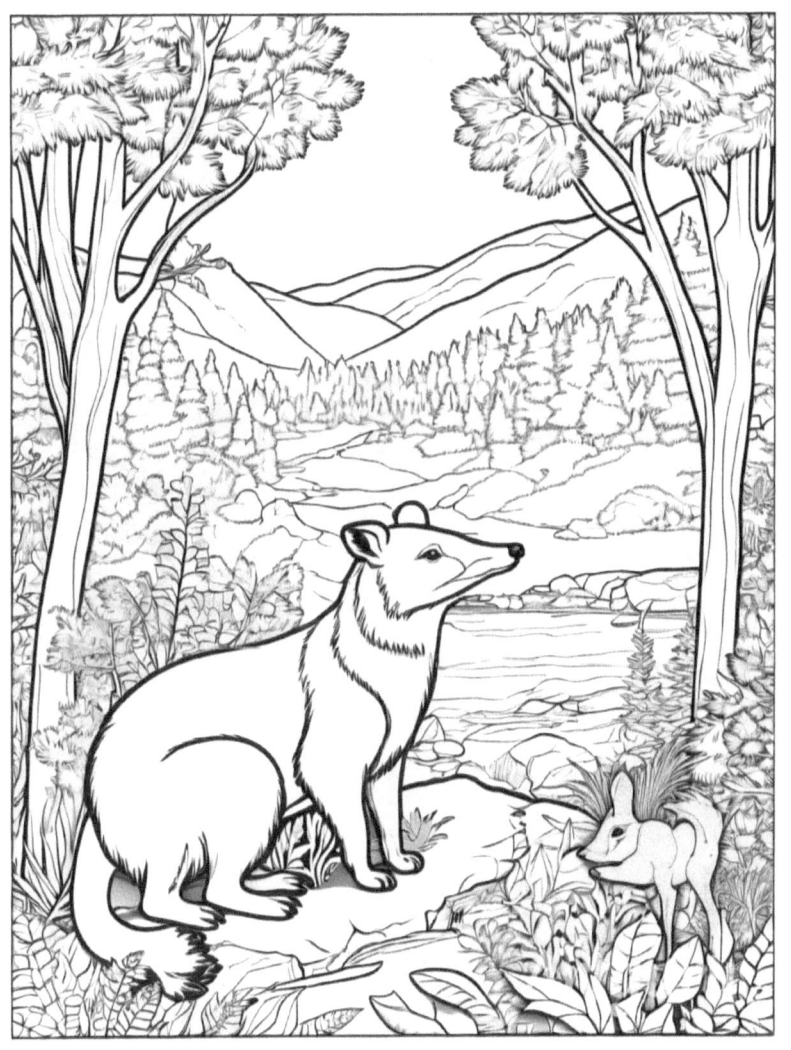

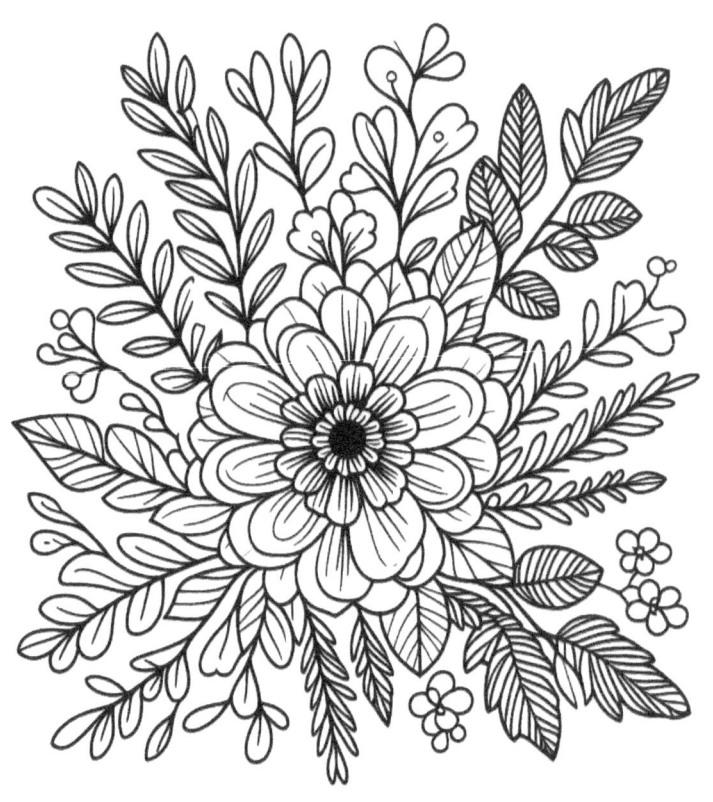

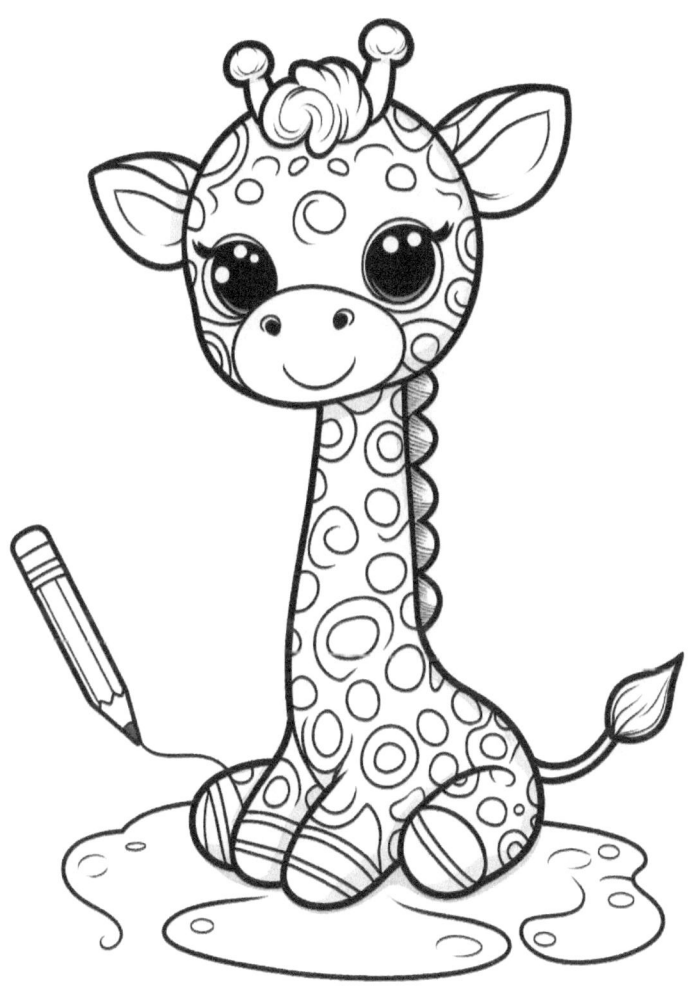

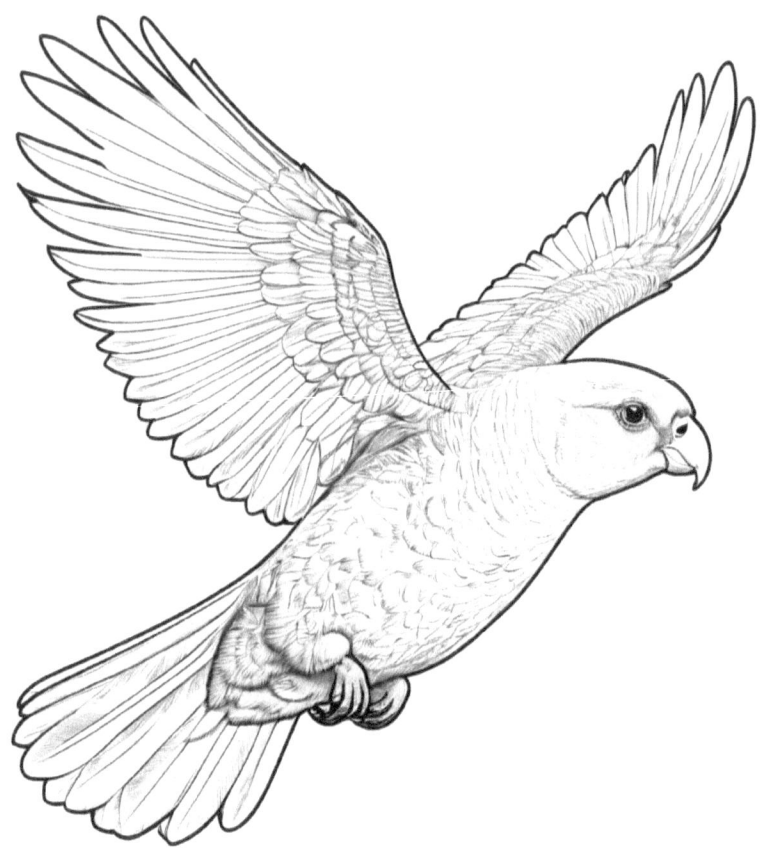

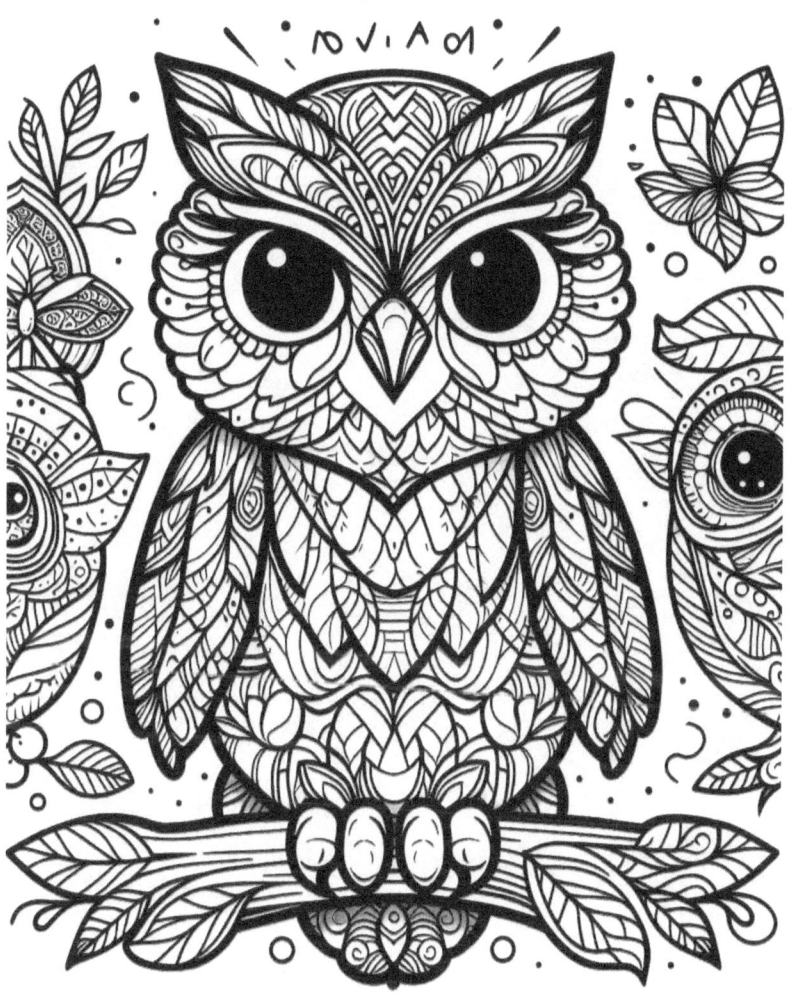

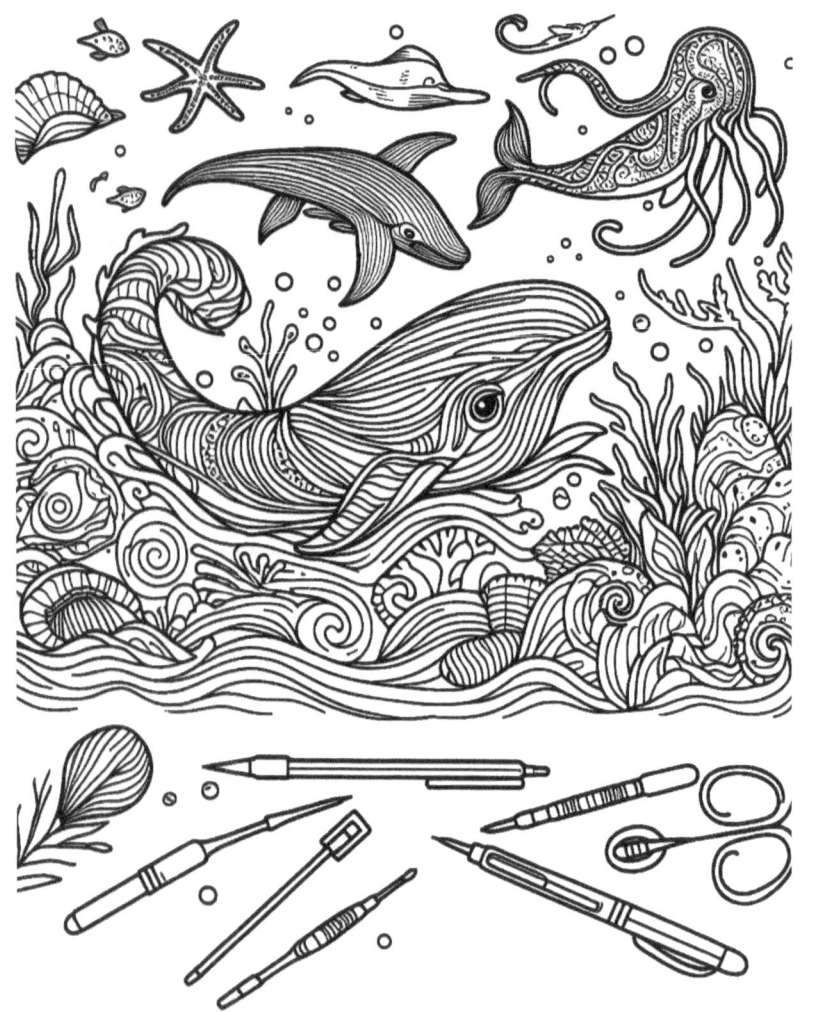

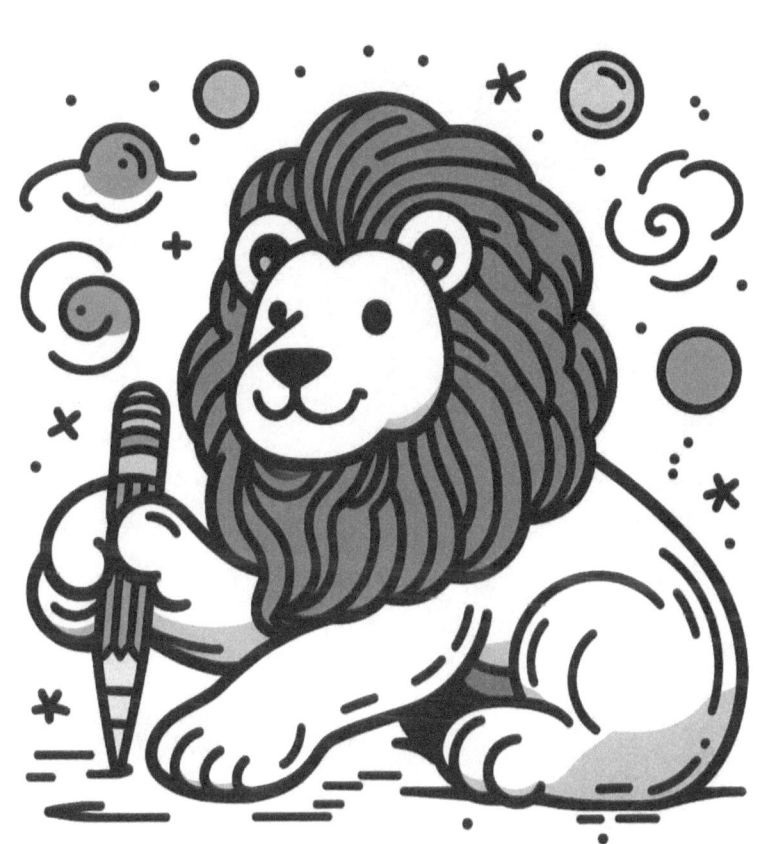

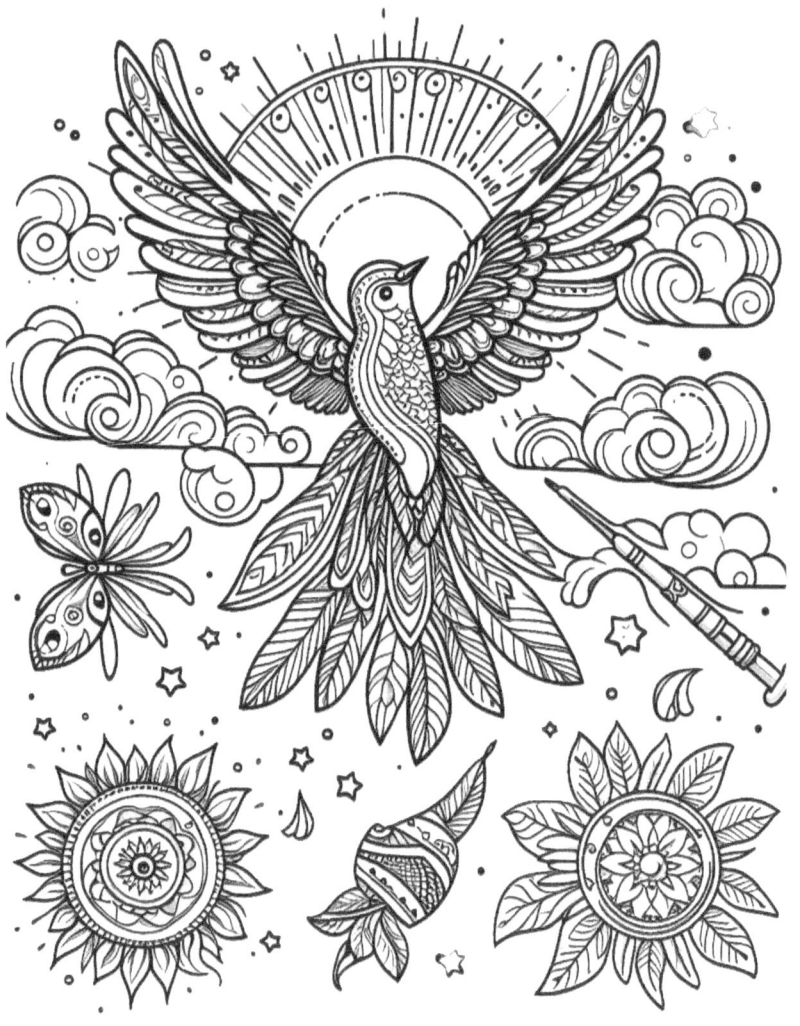

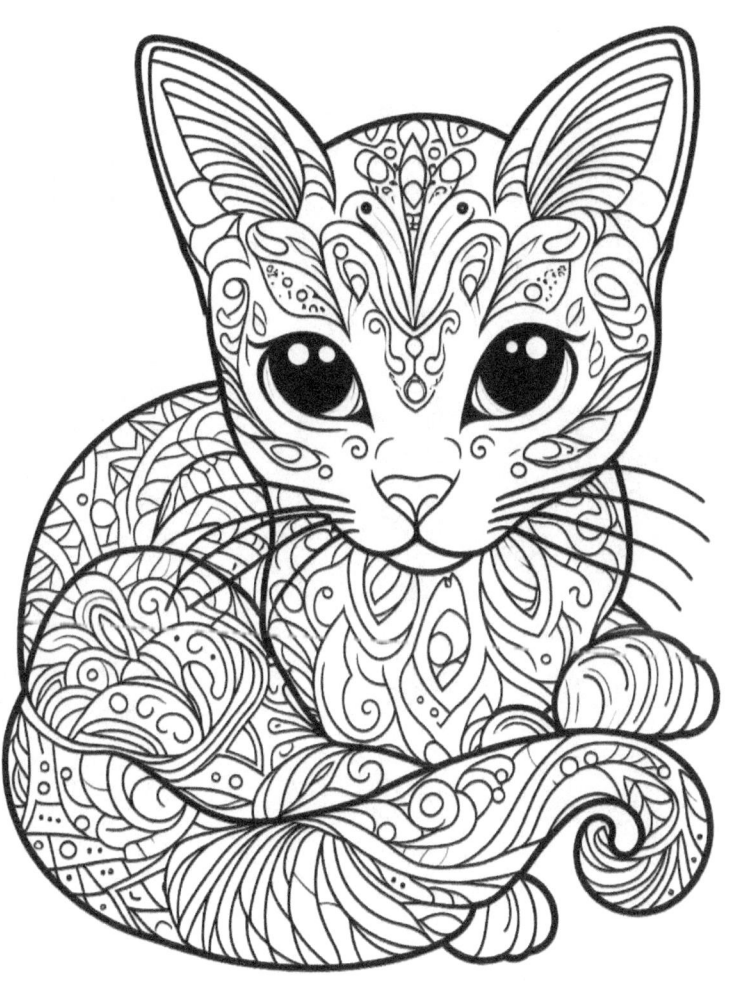

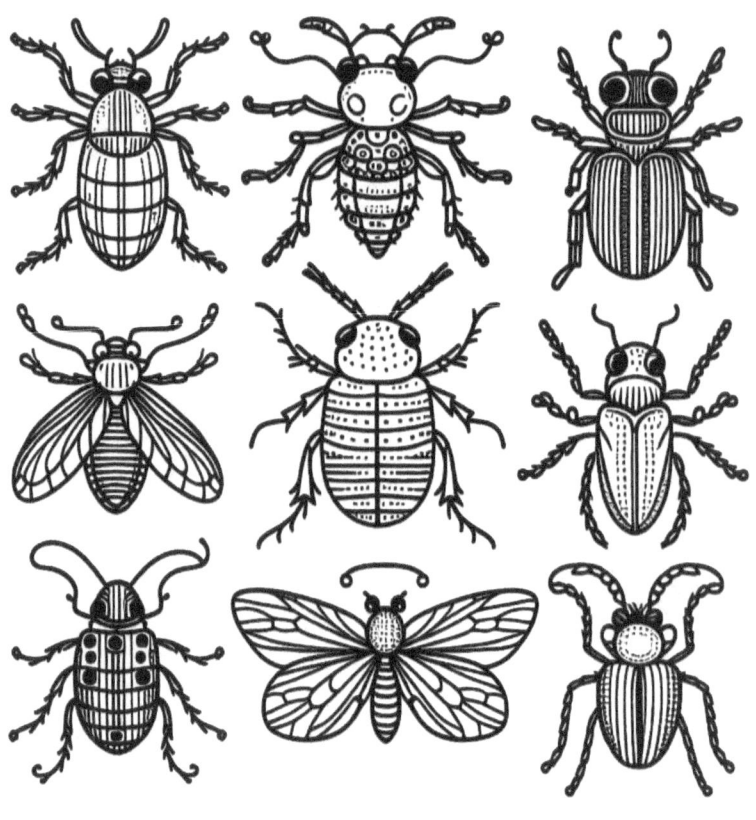

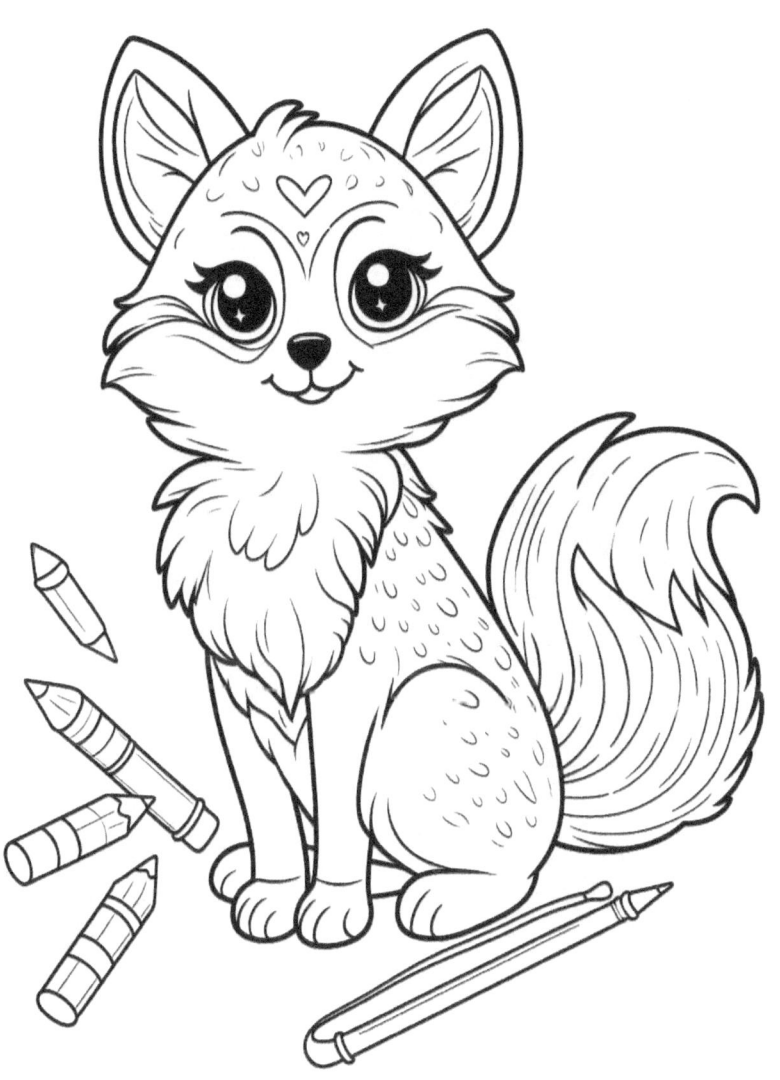

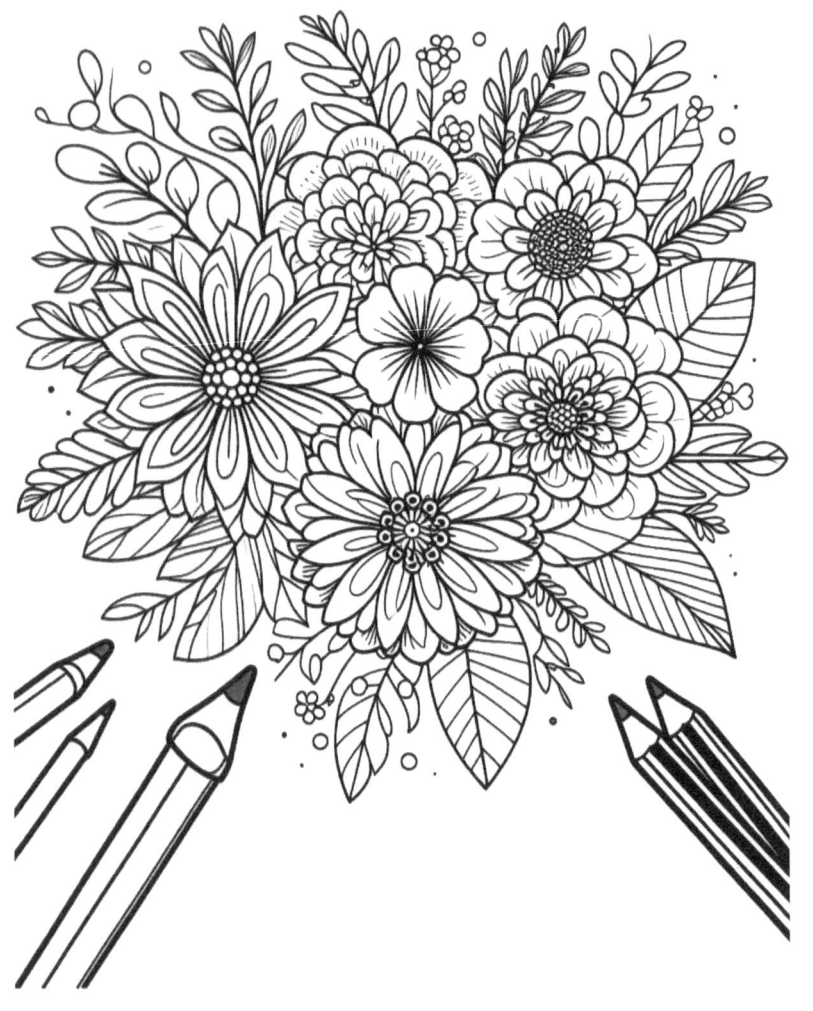

www.ingramcontent.com/pod-product-compliance
Lightning Source LLC
Chambersburg PA
CBHW031517210526
45464CB00007B/2953